AF276355

Otra vía / Another Way

Primera edición, diciembre de 2024

El Desvelo Ediciones
Floranes, 51, 1º T
39010 Santander
CANTABRIA

www.eldesvelo.es
info@eldesvelo.es
@eldesvelo

ISBN 978-84-129196-9-1
Depósito legal: SA-608-2024
Impreso en España-Printed in Spain

Este libro ha sido impreso enpapel Coral Book, el cual dispone de los certificados de gestión forestal responsable FSC que garantizan una producción respetuosa con el medio ambiente.

Kepa Murua / Don Cellini

OTRA VÍA / ANOTHER WAY

INTRODUCCIÓN
Kepa Murua | KM

La idea de crear este libro comienza el día en el que escribí a Don Cellini para que tradujera mis poemas: cuando un poeta solicita una labor tan íntima, en realidad pide que un lector aplicado, tal vez otro poeta, comprenda su obra y, aunque la mía es extensa, varios proyectos en los que puse mi empeño y energía, no llegaron a buen puerto y quedaron como barcos varados en una playa o veleros que no pudieron salir a navegar debido al caos del tiempo.

Sin embargo, el mar de la poesía es amplio, evoca paisajes en encuentros fortuitos que nos permiten creer de nuevo en la posibilidad de editar un libro que nace de una conversación con un traductor, con un poeta que se ha convertido en un amigo; pues siempre que haya un lector que camine a nuestro lado y se hable del naufragio de la vida, que finalmente no es tan descorazonador como se cree, la verdad de la poesía nos redime.

INTRODUCTION
Kepa Murua | KM

The idea of creating this book began the day I wrote to Don Cellini to translate my poems: when a poet asks for such an intimate work, he actually asks that a dedicated reader, perhaps another poet, understands his work and, although mine is extensive, several projects in which I put my efforts and energy, did not come to fruition and remained like ships stranded on a beach, like sailboats that could not set sail due to the chaos of the weather.

However, the sea of poetry is wide, it evokes landscapes in fortuitous encounters that allow us to believe once again in the possibility of editing a book that was born from a conversation with a translator, with a poet who has become a friend; because as long as there is a reader who walks by our side and talks about the shipwreck of life, which in the end is not as disheartening as we think it is, the truth of poetry redeems us.

INTRODUCCIÓN
Don Cellini | DC

Nunca he conocido a Kepa Marua en persona, pero he llegado a conocerlo bien. Leer un poema, leerlo varias veces, no tiene nada que ver con traducirlo. A lo largo de la lectura se van conociendo las preferencias y la idiosincrasia del poeta: su predilección por los versos cortos, la puntuación y la elección de palabras. También he aprendido que nada escapa a su ojo de águila editora.

Empezamos esta conversación transatlántica compartiendo un poema cada uno y respondiendo después con otro poema propio. Este segundo poema debía de alguna manera hacerse eco del primero, arrojarlo bajo una nueva luz, o añadirse a la conversación. Varios de los poemas que aquí se recogen aparecieron originalmente en nuestras propias publicaciones, pero otros eran inéditos hasta este volumen.

Por último, como la mayoría de los traductores literarios, traduzco de mi segunda lengua a la primera, es decir, del español al inglés. Aquí he hecho una excepción y he traducido mis propios poemas al español. Permítanme aplicar a los traductores ese viejo consejo jurídico: El que se traduce a sí mismo tiene a un tonto por cliente. Yo asumo la culpa.

INTRODUCTION
Don Cellini | DC

I have never met Kepa Marua in person, but I have come to know him well. Reading a poem, in fact reading it several times, is nothing like translating the poem. Along the way you also come to know the poet's preferences and idiosyncrasies — his fondness for short lines, his favored punctuation and word choices. I have also learned that nothing escapes his eagle-like editor's eye.

We began this cross Atlantic conversation by each sharing a poem and then each responding with a poem of his own. This second poem was to somehow echo the first, to cast it in a new light, or to add to the conversation. Several of the poems here originally appeared in our own publications, but others were previously unpublished until this volume.

Finally, like most literary translators, I translate from my second to my first language, that is from Spanish to English. Here I have made an exception and translated my own poems into Spanish. Let me apply that old legal advice to translators: He who translates himself has a fool for a customer. I'll take the blame.

Pobreza

Pobreza es mirar a los pájaros en el balcón
después de haber comido un plato de arroz.
Es ver pasar el tiempo por la ventana
y sentir miedo sin saber por qué.
Es vivir el invierno en el verano,
mojarte con la lluvia cuando hace sol.
Pobreza es levantarse sin nadie a tu lado.
Escribir un poema que no leerá nadie.
No saber si tienes un trabajo
cuando el teléfono no suena desde hace años
y a tu lado no se pronuncia tu nombre.
Pobreza es vestirse una vez más
con la ropa de siempre
con los zapatos húmedos
y los calcetines rotos
a los que no se la va el olor
por más que se laven.
Estar desnudo cuando te vistes.
Parecer un vagabundo cuando sales a la calle.
Sentir el amor por la vida, pero de un modo triste.
Sentir el cuerpo que reclama tu presencia,
pero sin una caricia.
Sentir el vacío de la noche
con unas sábanas que no cubren la cama.
Saberse enamorado y que estés lejos.
Mirar el bolsillo vacío.
Ver una moneda en el suelo
y recogerla sin disimulo alguno.
Saber que estás lejos
y no poder abrazarte. | KM

POVERTY

Poverty is observing the birds on the balcony
after eating a plate of rice.
It is watching time slip past the window
and being afraid without knowing why.
It is living winter in summer,
getting wet in the rain when it is sunny.
Poverty is waking up with no one beside you.
Writing a poem that no one will read.
Not knowing if you have a job
since your phone hasn't rung for years
and no one speaks your name beside you.
Poverty is getting dressed again
in the same clothes
with wet shoes
and torn socks
that still smell
no matter how much you wash them.
Being naked when you get dressed.
Looking like a street person when you go out.
Feeling love for life, but in a sad way.
Feeling the body claim your presence,
but without a caress.
Feeling the emptiness of the night
with sheets that don't cover the bed.
Knowing you are in love and that you are far away.
Feeling your empty pocket.
Seeing a coin on the sidewalk
and picking it up without any shame.
Knowing that you are far away
and not being able to hug you. | KM

DIEGO REMEMBERS
'LAS TORTILLAS DE SU MAMÁ' | DC

Haibun for Diego

Diego told me he left home in San Cristóbal de las Casas in southern Mexico at 17 and traveled more than 1000 miles to the US border. He hitchhiked when he could, walked when he couldn't. Because he could not imagine his future, he remembered *sus hermanos* at home as he walked, carrying the weight of the sun and his family on his shoulders. At the border *un coyote* led him through the desert where the moon illuminated the night like the sun: a week of walking *día y noche*, short naps when possible, two gallons of water strapped to his belt, *cascabeles, cascabeles, cascabeles,* rattle snakes everywhere. From Phoenix he got a ride to Ohio, his first views of the US were Interstate 17 *hacia el norte*. In Toledo he works six days a week as a cook at Mi Casa. His brother, 15, followed Diego's footsteps and works as a cook at La Fiesta in Michigan where their sister is the "chip girl."

We like our chips and salsa promptly,
our margaritas cold,
our burritos cheap. | DC

Diego recuerda
las tortillas de su mamá

Haibun para Diego

Diego me contó que dejó su casa en San Cristóbal de las Casas, en el sur de México, a los 17 años y recorrió más de 1.000 millas hasta la frontera con Estados Unidos. Hizo autostop cuando pudo, caminó cuando no pudo. Como no podía imaginar su futuro, se acordaba de sus hermanos en casa mientras caminaba, cargando sobre sus hombros el peso del sol y de su familia. En la frontera, un coyote le guió por el desierto, donde la luna iluminaba la noche como el sol: una semana caminando día y noche, pequeñas siestas cuando podía, dos galones de agua atados al cinturón, cascabeles, cascabeles, cascabeles, serpientes de cascabel por todas partes. Desde Phoenix le llevaron a Ohio, sus primeras vistas de Estados Unidos fueron la carretera interestatal 17 hacia el norte. En Toledo trabaja seis días a la semana como cocinero en *Mi Casa*. Su hermano, de 15 años, siguió los pasos de Diego y trabaja como cocinero en *La Fiesta*, en Michigan, donde su hermana trae los chips y la salsa.

Nos gustan nuestras patatas fritas y salsa pronto,
nuestras margaritas frías,
nuestros burritos baratos. | DC

Un día cualquiera

¿Sabes lo que es ir a pescar muy lejos
y no encontrar peces.
Sabes lo que es tener una palabra
en la punta de la lengua
y no abrir la boca.
Sabes tú lo que sientes
cuando no tienes nada
y tienes que pedir prestado
algo de dinero.
Sabes tú lo que es amar a una persona
y que ésta ni siquiera te mire.
Sabes lo que es trabajar
sin cobrar apenas un duro.
Sabes lo que es fregar suelos
y verte en el espejo
y no reconocerte.
Sabes tú lo que es mirar gente
y no ver a nadie.
Sabes tú lo que es enemistarte
con el último de los amigos.
Sabes lo que es perder a tu mujer
y a tu hijo en un accidente.
Sabes lo que es ser un hombre
en un día cualquiera.
Sabes lo que es ser poeta
en el siglo veintiuno? | KM

Any Given Day

Do you know what it's like to go fishing
far away and find no fish.
Do you know what it's like to have a word
on the tip of your tongue
and not be able to open your mouth.
Do you know what it feels like
when you have nothing
and you have to borrow
money.
Do you know what it's like to love a person
who doesn't even look at you.
You know what it is to work
for merely a penny.
You know what it's like to scrub floors,
to see yourself in the mirror
and not recognize yourself.
You know what it is to look at people
and not see anyone.
You know what it's like to make enemies
with the last of your friends.
You know what it is to lose your wife
and your child in an accident.
You know what it is to be a man
on any given day.
Do you know what it is to be a poet
in the twenty-first century? | KM

We Both Knew
but neither could admit it.

An occasional phone call,
a postcard,

where something of the old
still remained.

You called once and
asked
to see me.

You were visiting
from California,

staying with your
parents in Tuscarawas.

I had to work,
it would have been too far

it would be
impossible, I
said.

Later, years
later, I discovered you had
died

AMBOS SABÍAMOS
pero ninguno podía admitirlo.

Una llamada telefónica ocasional,
una postal,

donde algo de lo antiguo
aún permanecía.

Llamaste una vez y pediste
verme.

Estabas
de visita desde California,

quedándote con tus padres
en Tuscarawas.

Tenía que trabajar, habría sido
demasiado lejos

sería imposible,
dije.

Más tarde, años después descubrí
que habías muerto

shortly after your
visit.
Now, just

the empty picture frame,
quiet, love. | DC

poco después de tu visita.
Ahora, sólo

el marco de la
foto,
tranquilo, amor | DC

Amigo mío

Amigo mío, ahora que no estás
en este mar de la infancia
que algunos han querido convertir
en una ciudad cubierta por la nieve,
quiero decirte que sigo siendo el que fui
aun siendo otro muy diferente.
Uno con más años, con peor vista
con el cuerpo delgado
y los huesos doloridos,
sé que me reconocerías.
No quisiera pensar lo contrario.
Si estuvieras aquí te llevaría
a la linde del bosque
y te hablaría de los límites de la vida
que entran en la conciencia
que no ha cambiado tanto como se creía.
Te hablaría de los recuerdos que se pierden
y de aquellos momentos, efímeros y frágiles,
que se guardan para siempre.
Amigo entro los reptiles,
hombre ante el espejo.
Soy yo el que mira con una sonrisa
y tú el que podrías escucharme
estando en otro cielo
muy distinto a este,
un poco más terrenal y triste
donde se confunde el mar con la tierra,
la nieve con las ciudades,
el polvo con los huesos,

My Friend

My friend, now that you are gone
from this sea of childhood
that some have wanted to turn
into a snow-covered city,
I want to tell you that I am still the same
even though I am very different.
Older, with worse eyesight
with a thinner body
and aching bones,
I know you would recognize me.
I wouldn't want to think otherwise.
If you were here I would take you
to the edge of the forest
and I would tell you about the limits of life
that enter consciousness
that hasn't changed as much as you thought.
I would speak to you about the memories that are lost
and of those moments, ephemeral and fragile,
that are kept forever.
Friend among the reptiles,
man before the mirror.
I'm the one who looks with a smile
and you could hear me
being in another heaven
very different from this one,
a little earthlier and sadder
where the sea is confused with the land,
the snow with the cities,
the dust with the bones,

las sombras con el cruce de un camino
que no es aquel donde nos separamos
cada uno por su lado.
Tú a la vida eterna
y yo con una ceguera prematura
a una ciudad donde camino solo. | KM

the shadows with the crossing of a road
though not the one where we separate
each one to his own side.
You to eternal life
and me with premature blindness
to a city where I walk alone. | KM

THE OWL

You waited
on the platform, snuffed
out
the cigarette, stepped
aboard.

When I hear
the whistle late
in the distance,
loneliness
rubs against memory.

Only birds of prey
and lonely angels
attend the rails so late
at night and this line
doesn't reach your
station.

Still, the whistle, the old
songs, the soft rasp
in your voice.

You, where no train arrives or
departs. | DC

El búho

Has esperado en el
andén, apagaste
el cigarrillo, subiste a
bordo.

Cuando oigo el
silbato tarde en
la distancia, la
soledad
se frota contra la
memoria.

Sólo los pájaros de presa y
los ángeles solitarios acuden a
los raíles tan tarde en la noche y
esta línea
no llega a su
estación.

Aun así, el silbido, las viejas
canciones, el suave raspado
en tu voz.

Tú, donde no llega ni sale
ningún tren. | DC

LOS PRIMEROS PASOS

Con los primeros pasos nunca pensé
en tener para mí un oficio.
Después llegaron los poemas,
instantes de luz, desnudas olas
con peces muertos.
La belleza tiene un sentido animal
en las trampas que dicta el tiempo
cuando a pasos agigantados
el cuerpo nos abandona.
Dulce resignación que la eternidad
concede al pensamiento
como faros de noche
cuando nos volvemos más sabios.
Antes corría la noche tan deprisa
que la mirada abarcaba la historia
y las distancias caían por un precipicio
con la elegancia de quien conoce el abandono.
Ahora con el paso de los días
nos volvemos más tercos. | KM

First Steps

With my first steps I never thought
I'd have a profession for myself.
Then came the poems,
flashes of light, naked waves
with dead fish.
Beauty has an animal sense
in the traps dictated by time
when the body abandons us
with giant steps.
Sweet resignation that eternity
grants to thinking
like beacons at night
when we grow wiser.
The night used to run so rapidly
that sight embraced history
and the distances tumbled down a ravine
with the poise of one who knows abandonment.
Now with the passing of the days
we become more obstinate. | KM

IN THE HUSH
after truth

the poet
wrote:

stone is older
than word

but younger
than fire.

Wrote: there are
only five

words for
truth:

silver
firefly

laughter
mountain

salt.
Wrote: silence

is the perfect
poem. | DC

En medio del silencio
después de la verdad,

el poeta
escribió:

más antigua es la piedra
que la palabra

pero más joven
que el fuego.

Escribió: sólo son
cinco palabras

que designan
verdad:

plata
luciérnaga

risa
montaña

sal.
Escribió: el silencio

es el poema
perfecto. | DC

SÉ LO QUE VIERON TUS OJOS

Sé lo que vieron tus ojos
cuando con la mirada ausente
huiste a tierra de nadie.
Sé lo duro que es sentir la nada
cuando uno es el borde del abismo
y la calma un susurro a lo lejos.
Sé lo que es pedir a dios vida
y no creer en nada.
Sé cómo se siente uno solo
cuando alrededor todo ha dallado
y solo se escucha el ruido
del silencio a la deriva.
Sé lo que es sentir el amor y el odio
en la incertidumbre del deseo
si lo que escribes se olvida en un instante.
Como tenerlo todo y no tener nada.
Escribir un poema y nada.
Tu nombre debajo y no ser nadie. | KM

I Know What Your Eyes Saw

I know what your eyes saw
when you looked away
you fled to no man's land.
I know how hard it is to feel nothingness
when you are on the edge of the abyss
and calmness is a whisper in the distance.
I know what it is to ask God for life
and to believe in nothing.
I know how lonely you feel
when everything around has fallen away
and all you hear is the noise
of drifting silence.
I know what it's like to feel love and hate
in the uncertainty of desire
if what you write is forgotten in an instant.
Like having everything and having nothing.
To write a poem and nothing.
Your name signed and yet you are nobody. | KM

No One Answers
the ringing cell phones.

It's your sister. It's your
cousin.

Forty-nine tragic flowers bloom red
on the dance floor.

Es tu mamá.
Es tu hermano.

Outside, the night pulses with
light,
a wailing of sounds.

Inside
no one answers.

It's me. Speak
your dark
words to me. | DC

Nadie responde
al timbre de los teléfonos móviles.

Es tu hermana.
Es tu primo.

Cuarenta y nueve flores trágicas florecen en rojo
en la pista de baile.

Es tu mamá.
Es tu hermano.

Fuera, la noche late con luz,
un lamento de sonidos.

En el interior nadie
responde.

Soy yo.
Habla tus palabas oscuras
a mí. | DC

El silencio invisible

Señor, tú que pusiste
nombre a la luz,
dame un cuerpo
que refleja mi mente
y dame una mente
que dignifique mi cuerpo.
Dame el entendimiento
para entender
lo que no comprendo.
La visión para ver
lo que está más allá de mí.
El cielo transparente
dentro de mi cuerpo.
El destino incierto
que respira
en mi pensamiento.
Y no me abandones
a las palabras sin sentido
y no me aísles
en el silencio invisible,
el más extraño
y duradero.
Dame fuerzas
para combatir
ese vacío que me tienta
y del que no reniego.
Dame nuevas razones
para descubrir
lo que me confunde.

The Invisible Silence

Lord, you who gave
name to the light,
 give me a body
that reflects my mind
and loves a mind
that dignifies my body.
Give me the insight
to understand
what I do not comprehend.
The vision to see
what is beyond me.
The transparent sky
inside my body.
The uncertain destiny
that breathes
my thoughts.
And do not abandon me
to meaningless words
and do not isolate me
in the strangest
and most lasting,
invisible silence.
Lord, you who gave
name to the light,
give me a body
that reflects my mind
and loves a mind
that dignifies my body.
Give me strength

Y dame paz
ante la incertidumbre
y vida con un significado
más allá de la muerte,
tal como me das
el aire que respiro
o me susurras
con una sonrisa benévola
los poemas que escribo.
Dame fe en el amor,
alegría en el sufrimiento.
Extrañamiento para salir
de esta confusión
y superar semejante misterio,
para descansar al fin
ante lo que no entiendo
y ante lo que pudiendo ver
aún no veo ni comprendo.
Y en el silencio extraño,
el más duro
y el más duradero,
dame un soplo de aire
ante lo que puede parecer
un último gemido
y parece que desfallezco.
Un rayo de luz siquiera
cuando vuelva
en una última mirada
antes de quedarme vacío
y sin aliento
con mi nombre tendido

to fight
the emptiness that tempts me
and which I do not deny.
Give me new reasons
to discover
what confuses me.
And give me peace
in the face of uncertainty
and life with meaning
beyond death,
just as you give me
the air I breathe
or whisper to me
with a benevolent smile
the poems I write.
Give me faith in love,
joy in suffering.
Resolve to get out of
of this confusion
and overcome such mystery,
to rest at last
before what I do not understand
and in the face of what I can see
I still do not see or understand.
And in the strange silence,
the hardest
and the most lasting,
give me a breath of air
at what may seem
a final moan
and I seem to falter.

sobre la piedra del camino.
Sobre la sombra
de mi infortunio
en medio de mí destino.
Señor, tú que pusiste
nombre a las cosas
y llenaste el aire
las palabras que pronuncio,
dame un suelo firme
que aguante mi suerte
y dame un sentido
que dignifique mi alma.
Ese entendimiento
que a veces me falta
para entender
lo que no comprendo
y es tan cierto
cuando me pregunto
el por qué de lo que me pasa,
como es eterno y frágil
el mundo y el hombre
en el que vivo
y en el que me has convertido. | KM

A ray of light at least
when I return
in a last glance
before I become empty
and breathless
with my name lying
on the stone in the road.
On the shadow
of my misfortune
amid my destiny.
Lord, you who gave
names to things
and filled the air
the words I utter,
give me firm footing
that will bear my lot
and give me meaning,
that dignifies my soul.
That understanding
that I sometimes need
to understand
what I do not understand
and it is so true
when I ask myself
the why of what happens to me,
how eternal and fragile
the world is and the man
in which I live,
the man you have made me into. | KM

AT THE CLOISTERED
monastery chapel,
the dampness
has seeped into the
walls forever. Even
in summer
the floor is
stone cold
though no
one ever
wears heavy
coats. With ancient
books in wrinkled
hands, they
chant blue
psalms
as geese fly
south or north.
Arthritic knees
genuflect
but complain.
Glory be. | DC

EN LA CAPILLA
del claustro
ya se han humedecido
las paredes
ahora y para siempre. Aun
en el verano
las losas de cantera
permanecen
heladas y aquí nadie
va abrigado.
Cantan
salmos azules
sujetando
antiguas ediciones con sus
manos arrugadas, en tanto
que los gansos
vuelan a sur o norte. Las
artríticas
rodillas se postran en devota
genuflexión y truenan
sus quejidos.
¡Gloria a Dios! | DC

El color del paisaje

Hablan de cosas amargas los hombres.
Las mujeres explican a sus hijos
el placer del encuentro.

Entre viejos objetos
que tenían olvidados
como el olor del paisaje.

El tiempo está condenado
a repetir rostros como cartas marcadas.
Besos frente al espejo.

Una boca lame tu pene despacio.
Tú te doblas hasta su espalda.
Allí el paisaje es deseo ciego.

El cuerpo envejece con calma.
El alma pierde su rumbo.
Lento es el silencio de los ojos. | KM

The Color of the Landscape

Men talk about bitter things.
Women explain to their children
the pleasure of the encounter.

Among old objects
they had forgotten
like the smell of the landscape.

Time is condemned
to repeat faces like marked cards.
 Kisses in front of the mirror.

A mouth licks your penis slowly.
You bend to her back.
There the landscape is blind desire.

The body ages calmly.
The soul loses its way.
The silence of the eyes is slow. | KM

IF THE PALM
of the hand

reveals the
lifeline,

then secrets
are engraved

on the sole
of the foot.

A walk
on the beach

is confession,
but the tide

erases a
great trail

of secrets
each day

to keep
the secrets

secret. Beware
of fortunetellers

who insist you
remove your shoes. | DC

SI LA PALMA
de la mano

nos revela la línea
de la vida,

entonces los secretos
van inscritos

en la planta del
pie.

Un paseo descalzo
por la playa

es una confesión
mas la marea

borra largos
senderos

de secretos
a diario

para que se mantengan
de verdad en

secreto. Cuidado
con los adivinadores

cuando insisten en quitarte
los zapatos. | DC

ÉRAMOS

Éramos río, afluentes separados,
fríos, perdidos,
unión de una soledad
que culmina en una de las orillas:
el tiempo del despertar sobre los árboles.
La flor y el pájaro,
la rama en el nido,
almas que se entregan al viento,
rezos que descifra el tiempo.
Fuentes separadas. | KM

DESTINO

La divinidad en los días tristes.
En los serenos: el aire.
En los alegres: la luz.
En los demoledores: el dolor ajeno.
En los profundos:
el amor y el perdón.
Todo en uno,
todo en uno:
poesía y rezo,
creencia y oración.
Nunca separado:
vida y destino,
miedo y tiempo. | KM

We Were

We were river, separate tributaries,
cold, lost,
union of a solitude
culminating on one of the banks:
the time of awakening in the trees.
The flower and the bird,
the branch in the nest,
souls that surrender to the wind,
prayers that time deciphers.
Separate sources. | KM

Destiny

Divinity on sad days.
On serene days: the air.
On happy days: the light.
On the devastating ones: the pain of others.
On the deep ones:
love and forgiveness.
All in one,
all in one:
poetry and prayer,
belief and prayer.
Never separate:
life and destiny,
fear and time. | KM

Mustard Seed

It's easy
they spoke.
Quiet yourself
and come into
the presence
of the divine.
Imagine yourself
at the foot
of the throne.

~

Sandstorm
in the desert
nearly blind
and lost
looking for you
as elusive
as the wind itself.

~

But after years
of trying
I find that
the mountain
has not moved. | DC

Semilla de mostaza

Es fácil
decían.
Cálmate
y entra en
la presencia
de lo divino.
Imagínate
a los pies
del trono.

~

Tormenta de arena
en el desierto
casi ciego
y perdido
buscándote
tan esquiva
como el viento mismo.

~

Pero después de años
de intentarlo
descubro que
la montaña
no se ha movido. | DC

PADRE

Está sobre la cama, tumbado,
con los pies a un lado y los brazos sobre el pecho.
Piensa en todo lo que trabajó
            para sacar a la familia adelante,
quizá en algún amor secreto, de juventud,
aunque por encima de todas las cosas
ame la tierra donde nació, puede que en algún viaje.
En un tiempo tuvo que exiliarse.
Desde entonces la quiso más que nunca.
El lugar donde ha de morir:
la cama que comparte con su esposa.
Le hubiera gustado ver su sexo por última vez
desde la almohada, pero su barriga se lo impide.
Ya no fuma aquellos puros
que detestaban mis hermanas, tan delicadas,
pero aún lo veo en la cocina
escribiendo su novela interminable
cuando llegaba a casa de noche.
No lo dice, se calla, reza antes de acostarse.
La primera vez que lo escuché me sorprendió:
con Dios a mi lado, soy invencible, me dijo.
Me puso su nombre.
Qué osadía compararme con él. | KM

FATHER

He is lying on the bed,
with his feet to one side and his arms across his chest.
He thinks of how hard he has worked
        to bring up his family,
perhaps of some secret, youthful love,
though above all else
he loves the land where he was born,
        maybe in some trip.
At one time he had to go into exile.
Since then, he has loved it more than ever.
The place where he is to die:
the bed he shares with his wife.
He would have liked to see her sex for the last time
from the pillow, but his belly prevents it.
He no longer smokes those cigars
that my delicate sisters hated,
but I still see him in the kitchen
writing his never-ending novel
when he came home at night.
He doesn't say it, he keeps quiet, he prays before
        going to bed.
The first time I heard it, I was surprised:
with God by my side, I am invincible, he told me.
He gave me his name.
What audacity to compare myself to him. | KM

AFTER OPEN-HEART SURGERY,
my father asked me

to do him a favor:
Give me a shave.

I hadn't been this close
since I was a child.

Afraid of nicking him
I distracted myself

with memories
from childhood when

my father would
pick me up

after school and ask
what I'd learned that day:

how to add 2 + 5 or
how to make the letter f,

or some new song
we'd sing all the way home.

But the songs
and happy memories

DESPUÉS DE UNA OPERACIÓN DEL CORAZÓN,
mi padre me pidió

que le hiciera un favor:
Aféitame.

No había estado tan cerca
desde que era un niño.

Temeroso de hacerle daño
me distraje

con recuerdos
de la infancia cuando

mi padre
me recogía

después del colegio y me preguntaba
qué había aprendido ese día:

cómo sumar 2 + 5 o
cómo hacer la letra f

o alguna canción nueva
que cantábamos de camino a casa.

Pero las canciones
y los recuerdos felices

were gone before the end
of elementary school

once my father realized
that I hated football,

couldn't catch a baseball,
couldn't hit a tennis ball

across the net
twice in a row.

I finished the shave,
wiped the last bits

of shaving cream
from his face. | DC

desaparecieron antes del final
de la escuela primaria

cuando mi padre se dio cuenta
de que odiaba el fútbol,

no podía atrapar una pelota de béisbol,
no podía golpear una pelota de tenis

a través de la red
dos veces seguidas.

Terminé de afeitarle,
limpié los últimos restos

de crema de afeitar
de su cara. | DC

RESIGNACIÓN

Recojo una hoja del suelo.
Antes cogí una hoja de papel.
Quise comprar un cuaderno,
pero las tiendas estaban cerradas.

Son las seis de la tarde, ha pasado una hora
desde entonces. Miro si hay una llamada
en el móvil; no hay nada entre tú y yo,
ningún mensaje, ninguna palabra.

Entre tú y yo no hay nada
porque nada ha de haber
entre la vida y la muerte,
que nos resigna a ser distintos.

Nada que quede de más,
nada que se eche de menos.
Si sucediera, nadie ganaría.
Si no fuese así, nadie perdería. | KM

RESIGNATION

I pick up a leaf off the ground.
Earlier I picked up a sheet of paper.
I wanted to buy a notebook,
but the stores were closed.

It's six o'clock in the evening, it's been an hour
since then. I look to see if there's a call
on my cell phone; there is nothing between you
and me, no message, no word.

Between you and me there's nothing
because there must be nothing
between life and death,
that makes us different.

Nothing left over,
nothing to be missed.
If it were to happen, no one would win.
If it didn't, no one would lose. | KM

I Am Losing Things

I did not stick a 20
between the pages
of a random book
and forget it,
but I am losing things
every day.
Not my wallet,
my car keys,
or my glasses again.

I'm losing words,
the names of things,
the verbs of things.
I'd lost
bowdlerize, proverb,
and lexicographer
but found them again.

Then I tripped on
Vudúes, cenáculos,
esparcir and wondered
what they meant.
I'll find out, but
they'll evaporate
soon.

Who wrote
«*Verde, que te quiero, verde*»?
and «I want to do with you

Estoy perdiendo cosas

No escondí 20$
entre las páginas
de un libro cualquiera
y olvidarlo,
pero estoy perdiendo cosas
todos los días.
No mi cartera,
mis llaves del coche,
o mis gafas otra vez.

Estoy perdiendo palabras,
los nombres de las cosas,
los verbos de las cosas.
He perdido
bowdlerize, proverbio,
y *lexicógrafo*
pero los volví a encontrar.

Luego tropecé con
Vudúes, cenáculos,
esparcir y me pregunté
qué significaban.
Lo averiguaré, pero
se evaporarán
pronto.

¿Quién escribió
Verde, que te quiero, verde
y *Quiero hacer contigo*

what spring does
with the cherry trees»?
or «*For all the history of grief*
An empty doorway
and a maple leaf»?

Under my arm I carry
an anthology of poems
which I can neither
read nor remember.

Scattered leaves. | DC

lo que la primavera hace
con los cerezos?
o «*For all the history of grief*
An empty doorway
and a maple leaf»?

Bajo el brazo llevo
una antología de poemas
que no puedo
leer ni recordar.

Hojas dispersas. | DC

ANTES DE LLEGAR

Antes de llegar al río,
entre la maleza, hay un puente.
Me adentro junto al estanque,
pinto en mi cuaderno unas hojas
de color verde.

En los árboles hay señales,
corazones atravesados,
iniciales en mayúsculas,
palabras sin terminar,
frases tristes en la corteza.

Asustados por el remolino del agua
vuelan tres patos.
Podría ser este el lugar
donde cerrar los ojos
un día, el último.

Podría ser parte del camino.
Del amor diferente;
parte de otro destino,
tanto o más que este
para que seamos felices.

Deberíamos quedarnos.
Vuelan las aves en un círculo amarillo,
el pez salta en la superficie,
nadie más lo ve, ante nosotros
su brillo desaparece. | KM

Before Arriving

Before reaching the river,
in the thicket, there is a bridge.
I go into the pond,
I paint some green leaves
in my sketchbook.

On the trees there are marks,
pierced hearts,
initials in capital letters,
unfinished words,
sad phrases on the bark.

Frightened by the swirling water
three ducks take flight.
This could be the place
to close my eyes
one day, the last day.

It could be part of the path.
Of a different love;
part of another destiny,
as much or more than this one
for us to be happy.

We should stay.
Birds fly in a yellow circle,
fish jump to the surface,
no one else sees this, its brightness
disappears before us. | KM

LET'S SAY
he came home pissed

and to make matters worse
the rain came

in great gray sheets
like it sometimes does

in summer
and it left

the surface
of the river smooth

let's say
the new moon made

the surface shine
like a mirror

and he drank there
with the beaver

the deer
the raccoon

then left the shoulders
of the river

DIGAMOS QUE
volvió a casa enfadado

y para empeorar las cosas
la lluvia llegó

en grandes gotas grises
como a veces lo hace

en verano
y dejó

la superficie
del río lisa

digamos que
la luna nueva hizo

que la superficie brillara
como un espejo

y bebió allí
con el castor

el ciervo
el mapache

luego dejó los bordes
del río

back through
the fields

from where
he had come

mercy
in his pocket. | DC

de vuelta a través
por los campos

de donde
había venido

la merced
en su bolsillo. | DC

Índice

K M 🐝 *D C*